# LA
# CROISADE BLANCHE

PAR

## RUTH

LA GLANEUSE

EN RÉPONSE A LA

## CROISADE NOIRE

de M. M.-L. GAGNEUR, député du Jura.

> Si les sociétés secrètes entourent
> la terre de leurs filets perfides, je ne
> vois pas pourquoi, les amis des saines
> et saintes doctrines, n'entouraient
> pas le monde d'un cordon sanitaire.

---

## DEUXIÈME LIVRAISON

---

**EN VENTE**

A LA LIBRAIRIE RELIGIEUSE CATHOLIQUE DE RUTH LA GLANEUSE,
rue Paradis, 8,
A LA LIBRAIRIE GILLETTA, 9, rue de la Préfecture,
ET DANS LES KIOSQUES,
A NICE

**10 Centimes la Livraison.**

LA

# CROISADE BLANCHE

PAR

RUTH LA GLANEUSE

en réponse à la

## CROISADE NOIRE

DE MONSIEUR M.-L. GAGNEUR

DÉPUTÉ DU JURA

(SUITE.)

« Arrivez-vous dans une ville et voyez-vous s'élever
« un vaste édifice assez semblable à une caserne.

« Est-ce un hospice? demandez-vous; est-ce un
« collége, une bibliothèque, une fabrique, un monu-
« ment utile enfin, dont une ville puisse s'énorgueillir?

« Point, c'était un couvent. »

Hé! pourquoi, Monsieur, cela ne serait-il pas un
couvent? A-t-on été prendre dans votre bourse pour
bâtir cet édifice assez semblable à une caserne? Je ne

le crois pas. Pourquoi alors ne laisseriez-vous pas aux autres, cette même liberté dont vous vous montrez si jaloux ? Je veux dire la liberté de bâtir des édifices *assez semblables à des casernes.*

Mais si votre ardeur littéraire, Monsieur, a tant besoin de s'exhaler sur les gens et sur les choses, certes les sujets ne vous manqueront pas. Vous n'avez qu'à regarder autour de vous pour choisir. Mais au moins cette Croisade là — j'entends la Croisade du bien contre le mal — fera honneur, ou plutôt ferait honneur à la vaillante plume qui oserait l'entreprendre résolument avec l'intention bien arrêtée de remplir une noble tâche en apportant sa pierre à l'édifice social.

Mais pourquoi donc, Monsieur, ne vous révoltez-vous pas contre ces *ignobles entrepreneurs de maisons de tolérance ?* Votre chasse au vice serait juste, votre Croisade honnête et digne d'un noble caractère. Non, vous ne vous révoltez pas, car se sont *vos livres aux fatales doctrines* qui conduisent des milliers de jeunes filles dans ces antres de l'infâmie. Se sont *vos livres cyniques* qui précipitent des milliers de jeunes gens dans les abîmes du crime et les conduisent sur les bancs de la police correctionnelle et sur les bancs des cours d'Assises bien plus que la misère la plus noire.

« Et pendant dix ans, le flot, toujours grossissant de « religieux et de religieuses de toutes robes, menaça « d'envahir la société entière. »

Les francs-maçons s'en font-ils faute ?

Qu'entendez vous donc, Monsieur, par la Société entière ?

Le monde religieux que vous traitez comme des parias ne fait-il plus partie de l'espèce humaine ? Une telle manière de voir et de faire ne fait pas honneur *aux tristes penseurs.* Cet arbitraire montre les idées les plus étroites et les plus rétrogrades. Elle révèle tous les égoïsmes de la bête.

Il n'est pas besoin d'aller fouiller bien loin dans les bibliothèques pour savoir que, dès les premiers jours de l'ère chrétienne jusqu'à notre époque, les plus beaux génies (et je pourrais vous en citer un grand nombre) ont été demander à la paix des cloîtres l'oubli des amertumes humaines. Il n'est pas besoin d'aller remuer la poussière de ces bibliothèques pour savoir que les plus grands noms ont été cacher leurs grandeurs dans ces asiles de paix et de silence ayant reconnu le vide de nos orgueils humains.

Quoi ! Monsieur, vous voudriez ôter aux âmes brisées par des adversités sans nombre le seul refuge où ces âmes abreuvées des ingratitudes, des injustices de leurs semblables, fatiguées, déchirées, sans cesse par mille déceptions toutes plus amères les unes que les autres, vous voudriez dis-je ôter à ces âmes découragées, meurtries par les luttes continuelles de la vie de chaque jour, les seuls asiles où elles puissent recouvrer un peu de calme, où leurs blessures puissent se cicatriser ? Mais c'est monstrueux autant que révoltant qu'une telle tyrannie ! Le monde est-il donc obligé de penser comme vous, Monsieur ; et vous force-t-il à penser comme lui ? Laissez donc à autri sa liberté d'action pour être logique avec votre grand mot de liberté.

« A quelles causes attribuer ce réveil du fanatisme
« religieux? (avant que de parler du fanatisme reli-
« gieux, il serait bon de regarder un peu le fanatisme
« radical). Est-ce comme l'affirment nos rhéteurs ca-
« tholiques à une réaction contre la prédominance
« croissante des intérêts matériels?. Etait-ce à un be-
« soin réel de foi réligieuse?

« Non, c'était la peur. »

Oui, la peur des révolutionnaires, des démolisseurs
de religion sans laquelle il n'y a pas de Société possi-
ble et sans laquelle l'espèce humaine n'est plus qu'un
vaste troupeau se partageant en bêtes stupides et en
bêtes féroces.

« Ainsi le christianisme s'avance à travers les
« temps, en butte aux fantaisies de la puissance, aux
« passions des hommes, à la rébellion de la pensée,
« recommençant toujours son crucifiement et sa ré-
« surrection. Il fut « la folie de la croix, » sublime folie
« qui confondit la sagesse humaine et changea les
« destinées du monde; il est poursuivi aujourd'hui par
« une autre folie, la folie du progrès qui ferme les hori-
« zons au lieu de les étendre, et qui recule en croyant
« avancer, et résume les déviations morales d'une
« Société jetée hors de sa route. » POUJOULAT. *Revue
du Monde Catholique.*

J'ouvre à l'instant un excellent petit livre (*Almanach
de la France rurale*) j'y trouve, de M. Alphonse Karr,
des choses si spirituelles et si grandes de vérité à l'a-
dresse de la *triste pensée* que je me fais, Monsieur, un
devoir de conscience de vous en faire part, et un plai-
sir en même temps.

# LA CRÉDULITÉ DE NOTRE TEMPS.

—

« Nous sommes dans un siècle qui se vante de ne croire à rien. Chez les ruraux, les esprits forts ne manquent pas, surtout parmi les gens qui, sachant lire et écrire, ont lu tout ce qu'il faut lire de livres menteurs et de journaux ignares pour n'avoir que des idées fausses et superficielles, sur les choses les plus essentielles de la vie.

« A aucune époque, la presse n'avait exploité la crédulité et l'ignorance humaine avec l'audace qu'elle déploie aujourd'hui. Pour les hommes véritablement instruits, c'est un juste sujet de stupéfaction, et il n'est pas jusqu'à *M. Littré* qui, en parlant des adeptes de son école, n'ait écrit ceci : « Ils sont d'une ignorance à n'y pas croire ! » La crédulité des gens qui savent mal, est pire cent fois que celle des gens qui ne savent rien. C'est le vrai fléau de notre temps, dans les campagnes comme dans les villes. »

M. Alphonse Karr résume, dans un spirituel article, la litanie des choses stupides et ineptes, qui sont crues comme articles d'Evangile, sur la foi de certains journaux et hâbleurs de café, par des millions de pauvres sots qui se prennent pour des gens instruits et éclairés.

« Ah! saperlipopette, Monsieur, vous me la baillez belle! Vous dites qu'on ne croit plus à rien! Mais jamais, à aucune époque, on n'a cru à tant de billevesées, de bourdes, de mensonges, de sottises, d'absurdités qu'aujourd'hui.

« D'abord on croit à l'incrédulité. L'incrédulité est une croyance, une religion très-exigeante qui a ses dogmes, sa liturgie, ses pratiques, ses rites!..... Son inquisition, ses superstitions. Nous avons des incrédules et des impies jésuites, jansénistes, molinistes, quiétistes, et non des impies indifférents et des impies fanatiques, des incrédules cagots et des impies hypocrites et tartufes. La religion de l'incrédulité ne se refuse même pas le luxe des hérésies.

« On ne croit plus à la Bible, mais on *croit* aux « écritures » des journalistes ; on *croit* au « sacerdoce » des carrés de papier quotidiens.

« On *croit* au « baptême » de la police correctionnelle et de la cour d'assises. On appelle « martyrs » et « confesseurs », les « absents » de Nouméa et les « frères » de Suisse et d'Angleterre et de Belgique, et, quand on parle des « martyrs de la Commune », ça ne s'entend pas des assassinés, mais des assassins.

« On se fait enterrer « civilement »; on ne veut plus sur son cercueil des prières de l'Eglise, mais on veut un cortége portant derrière la bière, des immortelles rouges, et le *Miserere* est remplacé par les cris de : Vive la République! hurlés dans le cimetière.

« On n'entre plus dans les églises, mais on fréquente les brasseries et les cabarets, on y officie, on y célèbre les mystères, on y chante les louanges d'une prétendue république une, indivisible, démocratique, sociale, athée; le matin *(matines)*, on « tue le ver » avec le vin blanc.

« Il y a le soir les vêpres de l'absinthe, auxquelles on se ferait un crime de manquer.

« On ne croit plus en Dieu, mais on *croit* pieusement en toute une longue litanie de saints et de docteurs de pacotille, tels que Goutte-Noire, Polosse, Boriasse et Sibilat.

« On ne croit plus aux miracles anciens, mais on *croit* au miracle d'une liberté et d'une fraternité sans le respect de Dieu et des lois sociales.

« On *croit* qu'on peut s'enrichir en restant imprévoyant, insouciant et paresseux, et autrement que par le travail et l'économie.

« On se *croit* libre en obéissant aveuglement et bêtement à une coterie et au journal menteur de cette coterie.

« On se *croit* indépendant en se laissant mener au vote comme un troupeau au pâturage, avec cette différence que ça ne nourrit pas. — D'ailleurs, par ce suffrage, on semble *croire* que les soldats doivent commander au général, les chevaux mener le charretier.

« On *se croit souverain*, parce que quelques douzaines de farceurs occupent les mêmes places, émargent les mêmes appointements, pratiquent les mêmes abus que ceux qu'on a renversés à leur bénéfice.

« On se *croit* un peuple opprimé, héroïque, qui brise ses fers, et qui n'est qu'un domestique capricieux qui aime à changer de maîtres.

« On *croit* que des hommes dévoyés, déclassés, décavés, fruits secs, etc., — qui n'ont étudié que dans les journaux de cabaret, — possèdent la science de la politique et l'art de la guerre, et sont aptes à être dictateurs, généraux, ministres, préfets, sous-préfets, etc.

« Et des gens soi-disant éclairés eux-mêmes *croient* que la France peut se relever sous un pareil régime.

« Ah! il n'y a plus de croyants! Ah! on ne croit à rien!

« Je remplirais deux journaux par la simple énumération des mensonges effrontés et des bêtises dangereuses que l'on croit aujourd'hui. C'est parce qu'on *croit* à ces mensonges et à ces bêtises que nous dépérissons. »

Ah! Monsieur Alphonse Karr, vous êtes bien spirituel, c'est pour cela que votre *credo* est si riche de grandes vérités incomprises. C'est pour cela aussi que vous peignez si bien la bêtise courant les rues, et se débitant à la grosse dans tous les carrefours.

« Toutes ces folies, disons le bien, sont la revanche de Dieu contre ceux qui se refusent de croire à lui et aux vérités qui forment le fondement de la vie morale des peuples comme des individus.

« Avec une once de bon sens et d'instruction sérieuse, les ruraux devraient comprendre un fait absolument vrai et incontestable, écrit à toutes les pages de l'histoire depuis quatre mille ans: C'est que les peuples grandissent en gloire et en prospérité suivant leur respect des lois divines, résumées dans le Décalogue, et qu'ils déclinent et périssent à mesure que cette doctrine décline dans leurs mœurs et dans leurs lois.

« Toute l'histoire qui ne témoigne pas en faveur de cette vérité est fausse et mensongère.

« Les peuples chrétiens sont seuls civilisés et civilisateurs ; ils ne dépérissent que quand ils violent une ou plusieurs lois fondamentales, savoir : Respect de Dieu, avant tout, comme principes et fin des lois humaines ; respect du père et de la mère par les enfants; respect de la femme, principe de la famille ; et enfin respect des droits d'autrui ou de la propriété.

« L'Eglise catholique seule proclame et pratique tous ces principes ; car seule elle nie les droits prétendus que s'arrogent certains esprits de les violer ou de les bannir des lois et des institutions, et c'est parce qu'elle nie ces droits absolument faux et pernicieux que ceux-ci lui déclarent la guerre.

« Ils veulent refaire le monde sur les droits de l'homme sans Dieu. L'Eglise leur répond que cela est insensé et criminel, que Dieu seul est le principe de tout droit humain, et l'expérience de six mille ans lui donne raison.

« Etudiez bien le monde, ô ruraux, étudiez la commune, la famille, le cœur humain. Demandez-vous pourquoi vous passez cinquante ans en moyenne sur cette terre, et comparez la réponse austère de l'Eglise et de l'histoire aux utopies malpropres des docteurs du jour, et votre choix sera bientôt fait. »

« *Almanach de la France Rurale*, pag. 79-80-81 et 82. »

C'est un excellent petit livre que l'*Almanach de la France Rurale* qui se recommande par bien de côtés, tous plus intéressants les uns que les autres au monde des campagnes. En retour nous ne recommanderons pas *La Croisade Noire*.

*(à continuer.)*

# SOPHIE

## AU

# VILLAGE

—

« Au centre de la France, dans ce riant pays qu'arrose la Loire, on trouve à quelques kilomètres de Nevers, un village qui conserve, en dépit de toutes les révolutions, sa foi et sa physionomie d'autrefois.

'Saint-Michel, tel est son nom, est assurément l'un des lieux les plus charmants que je connaisse. Il n'y a pas, je l'avoue, beaucoup d'habitants à Saint-Michel; mais sa population, au lieu de diminuer, comme cela arrive hélas! en trop d'autres endroits, augmente chaque année.

A Saint-Michel, point de construction régulières; les deux tiers des maisons s'élèvent au hasard, sur de petites élévations de terrain toutes garnies de vieux arbres. On dirait, en été, des ruches ou des nids perdus dans le feuillage.

Sur un monticule central se dresse l'Eglise, une Eglise du quinzième siècle, à l'aspect grave et recueilli. On ne peut la voir sans éprouver le désir d'y entrer; quand on y est, on y resterait des journées entières, tant le Saint-Edifice est bien tenu, bien orné, disposé pour les méditations pieuses. On sent que Dieu est là, le Dieu de l'Eucharistie, toujours vivant parmi les hommes, pour écouter le récit de leurs misères et les soulager. »

Nous reviendrons prochainement sur l'intéressant livre de *Sophie*. Le lecteur qui n'a pas perdu le goût de l'honnête et du beau, comprendra qu'un *roman religieux* n'est pas dépourvu de forte poësie, ni des beautés qui font les grands caractères. Et *Sophie* en est le type par excellence. Le lecteur intelligent et de bonne foi comprendra que, cette intéressante création sort de l'*ordure commune;* que M. Charles Dubois, son auteur a fait plus qu'un bon livre, mais une bonne action.

Ces excellentes publications, comme le *Recueil Dramatique* dont nous avons parlé dans notre première livraison appartiennent à la maison Théodore Olmer, de Paris.

Elles sont en vente à la librairie *Religieuse Catholique* de Ruth la Glaneuse, 8, rue Paradis, à Nice.

**NICE, 1877. — IMPRIMERIE A. GILLETTA,**

Rue de la Préfecture, 9, et rue des Ponchettes, 17 et 15.

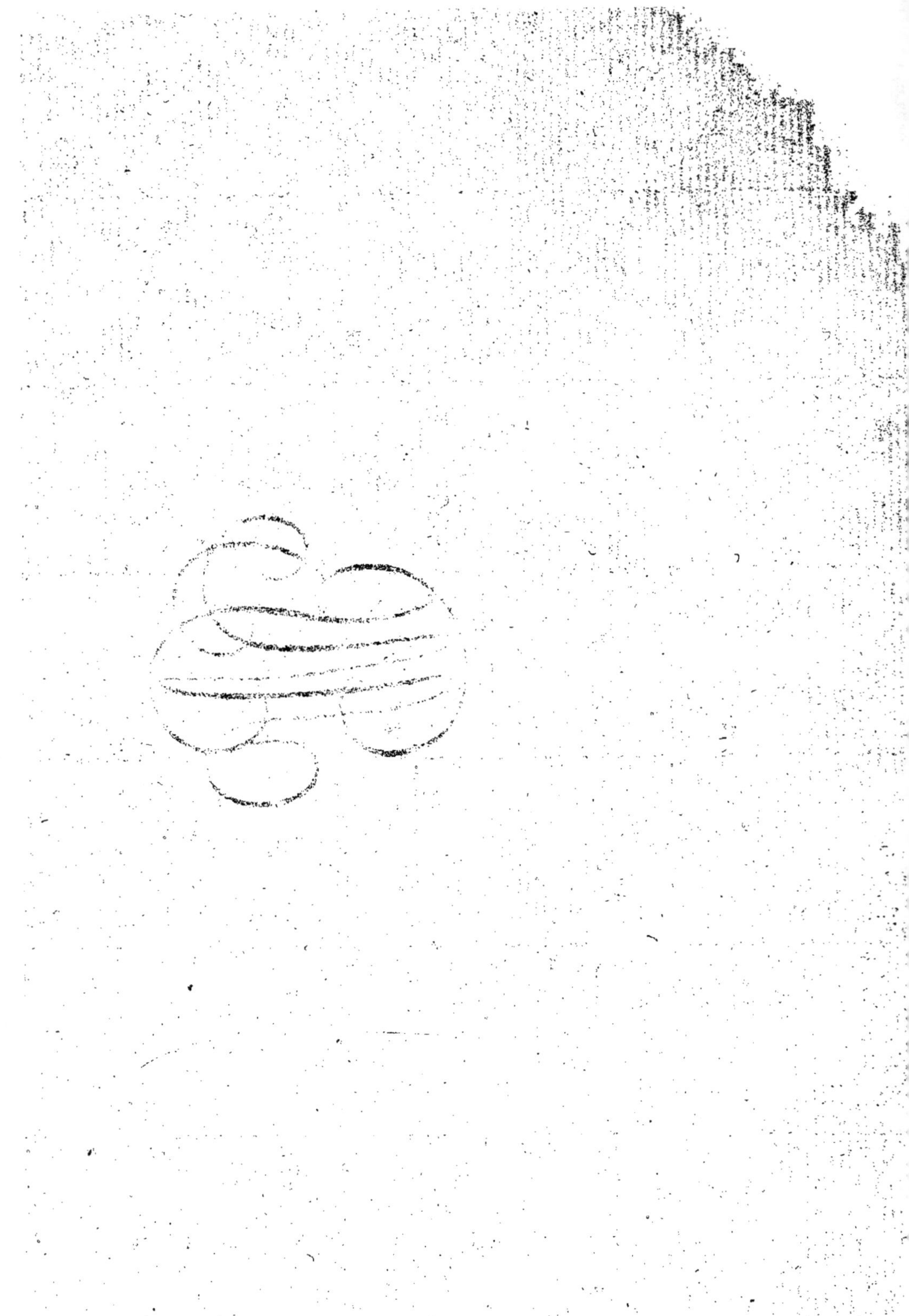

www.ingramcontent.com/pod-product-compliance
Lightning Source LLC
Chambersburg PA
CBHW051324050726
47595CB00008B/3698